APHORISMES

POLITIQUES

DE

JEAN BOUCHE-D'OR

BORDEAUX,

Imprimerie de Lanefranque, successeur de Racle, rue Montméjan, 4o.

1848.

APHORISMES POLITIQUES

de

JEAN BOUCHE-D'OR.

INTRODUCTION.

Pourquoi Jean BOUCHE-D'OR écrit des aphorismes.

I.

Quand on aspire au grade de caporal, on étudie l'école du soldat et celle du peloton.

Quand on veut devenir ouvrier, on fait son apprentissage.

Le prêtre commence par vivre au séminaire.

Le médecin, l'avocat, l'artiste, le savant, passent, dans l'étude et le travail des écoles, la plus belle partie de leur jeunesse. Tout homme pour apprendre à marcher ne s'essaie-t-il pas d'abord, suspendu au bout de deux lisières ?

C'est dans notre nature.

ÉTUDIER, APPRENDRE, AGIR, telle est la destinée de l'être raisonnable, s'il tient à conserver et son titre et ses droits.

II.

La politique est une SCIENCE. Nous serons bientôt appelés à nous prononcer sur les problèmes qu'elle pose. — Mais où la plupart de nous l'ont-ils apprise ?

III.

Est-ce dans nos écoles primaires ? — Où donc ? — Chez les ignorantins ? — Oh ! non. — Ces bons personnages ne s'occupent qu'accidentellement des choses de ce monde ; ils sont voués à L'OBÉISSANCE PASSIVE. Comment voudriez-vous qu'ils eussent initié nos jeunes générations à l'amour et à la connaissance des droits que donne la LIBERTÉ ? — Des aveugles pourraient-ils se charger de faire connaître la nature, les avantages et les propriétés de la lumière ?

IV.

Quant à nos instituteurs communaux, il y a bien long-temps que *les droits et les devoirs de l'homme et du citoyen* n'entrent plus dans le programme de leurs études.

V.

Reste l'enseignement supérieur ; et là, nous n'avons pas été mieux traités. — Dans les colléges on étudie les droits et les devoirs des *citoyens romains*; on admire les républiques de la Grèce ou de Carthage ; mais de *nos droits* politiques, pas un mot. — Pourquoi ?

VI.

Sous l'empire, l'autocrate Napoléon n'était pas partisan d'hommes libres.

Sous la restauration, avec une *charte octroyée*, les droits et les devoirs du citoyen se réduisaient à des termes qui ne permettaient guère de controverse.

Sous le gouvernement de Juillet, alors que la souveraineté du peuple était confisquée aussitôt que reconnue, il devenait dangereux de remonter aux vrais principes.

Voilà pourquoi l'instruction publique nous a laissés, sous ce rapport, aussi peu avancés que nous le sommes.

VII.

C'était calcul et nécessité de la part de gouvernements, à qui il ne fallait que des hommes dévoués, *des sujets fidèles*, ou des citoyens ignorant jusqu'aux premiers principes des droits qu'ils devaient exercer.

VIII.

Il était alors bien plus facile de gouverner à sa guise, en faisant prendre pour de bonnes et saines vérités, des mots sonores et vides de sens.

IX.

Nous voyons comment ont fini tous ces gouvernements.

L'empire, malgré toute sa gloire. — La restauration, malgré sa prétendue légitimité. —Le gouvernement de Juillet, malgré sa ruse et le *savoir faire* dont il a donné tant de preuves.

Tous ces gouvernements reposaient sur une base fausse, sur des *vérités de convention*, la vérité vraie leur faisait peur.

X.

La raison humaine est chez tous les hommes de bon sens la même. — Ils jugent diversement parce qu'ils sont placés à des points de vue divers. — Celui qui aurait toujours vécu dans une caverne nierait l'existence du soleil.

XI.

Pourquoi fermer les yeux à la lumière... Assez long-temps on a dit chez nous que *la parole était donnée à l'homme pour déguiser sa pensée.*

Ceux qui l'ont dit, ceux qui ont pratiqué cette maxime, n'étaient pas, tant s'en faut, partisans d'une république.

XII.

Soyons vrais, sincères, également éclairés, et nous serons bientôt d'accord.

XIII.

Avant tout, posons des principes ; ils nous serviront plus tard à juger les hommes et les choses.

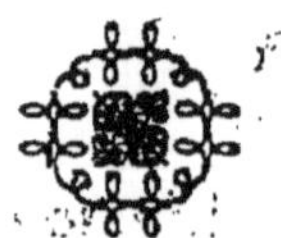

CHAPITRE Iᵉʳ.

De la Société politique.

—————

I.

Tous les docteurs anciens et modernes , les philosophes , les jurisconsultes , les poètes , et au-dessus d'eux la raison , enseignent que « toute société doit » avoir pour but l'avantage commun des associés ».

Pourquoi , en effet , s'associer et contracter des obligations envers une autre personne ; pourquoi aliéner une partie de sa liberté naturelle , car l'association n'est pas autre chose , si on ne doit rien recevoir en échange : mieux vaudrait rester dans l'isolement.

II.

Mais dans un état , quels sont les associés ? Voici la question importante.

On comprend très-bien que chez un peuple soumis à la puissance d'un Maître, il n'y a pas , à proprement parler , d'association politique ; la société repose en entier dans cette seule personne ; que tout ce qui habite les contrées soumises à sa puissance , lui appartient, hommes et choses, et qu'il peut en user selon son bon plaisir.

Que dans un état, au contraire, où tout le peuple prend part au gouvernement, tout le peuple étant *associé*, l'administration des affaires publiques doit avoir lieu dans l'intérêt général.

Enfin, que lorsqu'une partie seulement du peuple prend part au gouvernement, sous le titre d'*aristocratie* ou tout autre, l'association existe au profit de la caste privilégiée.

III.

Il n'y a d'associés prenant régulièrement et nécessairement part aux bénéfices de l'association politique, que les hommes qui possèdent, soit en entier soit en partie, la prérogative de la puissance souveraine, c'est-à-dire, le roi, la classe privilégiée ou le peuple, selon la nature de l'association.

IV.

Tous les autres individus sont des *sujets*; on les traite avec plus ou moins de douceur, plus ou moins d'équité, plus ou moins de barbarie : mais ce ne sont que des *sujets* soumis à ce que le *souverain* décide selon son intérêt, sa bienveillance, son humanité ou ses caprices.

V.

Le *sujet* a des *devoirs* à remplir ; il n'a pas de *droits* à exercer à l'égard de son souverain ; comment pourrait-il le contraindre ?

VI.

Aussi, pour le sujet opprimé il ne reste que trois ressources : invoquer la pitié du maître, en se frappant le front contre la terre, recourir à la force des armes, ou s'en remettre à la justice de Dieu.

VII.

Le corps moral comprenant le Souverain et les Sujets, constitue l'Etat.

Il importe à tout individu de bien savoir quel rang il occupe et doit occuper dans l'état dont il fait partie. Toute illusion sur ce point est déplorable.

VIII.

Parce que le commis ou l'ouvrier travaillent dans l'intérêt d'une maison de commerce, et reçoivent un salaire réglé souvent avec parcimonie, dira-t-on qu'ils en sont les associés ? — Parce que l'esclave, aux lieux où l'esclavage existe, trouve un abri et les moyens de satisfaire à peu près aux besoins de sa vie matérielle dans le logis de son maître, dira-t-on qu'il fait partie de la famille.

IX.

Non... lors-même qu'on accorderait aux premiers une part dans les bénéfices ; lors-même qu'on accorderait au second les avantages d'un pécule.

X.

On confond trop souvent ce qui vient de la longanimité intéressée, et souvent astucieuse du souverain, avec ce qui appartient en vertu d'un droit positif.

XI.

Ne sommes-nous pas libres ! criaient naguère des hommes chargés, sans s'en apercevoir, de chaînes dont une tyrannie habile leur deguisait le poids.

Non ! devait-on leur répondre..... La liberté ne consiste pas tant dans la *possibilité* que dans le *droit* de faire une chose.

Vous n'êtes pas libre si vous jouissez seulement de certaines facultés qu'un tiers peut vous enlever quand il le juge convenable.

Vous n'avez de la liberté que des apparences menteuses.

XII.

En principe, au *souverain* seul appartient la *liberté* ; les autres ne peuvent agir sans entraves qu'à titre de tolérance et dans la mesure que le souverain veut bien leur accorder.

XIII.

S'agit–il d'une société civile : les membres qui la composent portent le titre d'associés ; dans la société politique, ils prennent le nom de *citoyens*.

Qui dit CITOYEN , dit *associé à l'exercice de la puissance souveraine*.

Autrement, employer ce titre c'est un non sens ou un leurre.

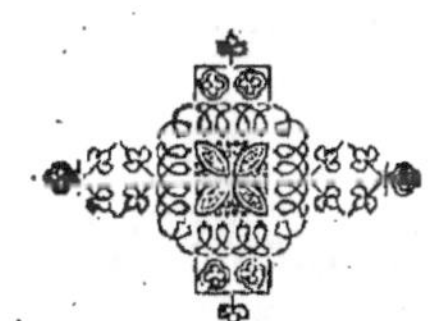

CHAPITRE II.

Du Gouvernement.

I.

Les forces appartenant à l'association doivent être dirigées vers leur but naturel qui est *l'avantage des associés*.

Diriger ces forces, c'est gouverner.

II.

C'est d'après la nature de l'association que se détermine la forme du gouvernement.

Société au profit d'un seul : Monarchie.

Société au profit de certaines classes : Aristocratie.

Société au profit de tous : Démocratie.

III.

Quelle que soit la forme du gouvernement et la nature de l'association, tous les individus qui habitent le territoire soumis à son autorité, citoyens et sujets, tous doivent agir d'après des règles et des principes conformes au but que se propose l'association.

IV.

L'ordre est la soumission aux lois émanant de l'autorité souveraine.

V.

Le *souverain* peut ètre simple ou complexe : simple, quand un seul gouverne sous le titre de roi, d'empereur, de sultan, etc.

Complexe, quand le pouvoir suprême est confié à plusieurs individus, comme dans les républiques diverses et le gouvernement dit constitutionnel.

VI.

Lorsque le souverain est *complexe*, les individus qui font partie du souverain sont *sujets* sous quelques rapports.

Ainsi, lorsqu'ils agissent dans l'exercice du droit de souveraineté, ils ne reconnaissent rien au-dessus d'eux ; mais une fois le droit exercé et le devoir accompli, ils rentrent comme individus dans la classe des sujets, et doivent obéissance aux lois qu'ils ont faites ou auxquelles ils ont concouru directement ou indirectement.

VII.

Lorsque le souverain est complexe, comme il peut se faire qu'il n'y ait pas unanimité dans les opinions, la raison veut que la *majorité* décide, et le vœu de la majorité est obligatoire pour les dissidens comme pour les autres ; mais en matière politique, comme en matière civile, il n'y a point *consentement*, lorsqu'il a été surpris par dol, par fraude, ou extorqué par violence ; tout consentement qui n'est pas *libre* ne doit compter pour rien dans l'appréciation d'une majorité.

VIII.

Tout individu qui, par dons, promesses, sollicitations, menaces, ou par une manœuvre quelconque, corrompt la liberté et la sincérité des votes, dans une assemblée politique, se rend coupable du crime de lèse-majesté ; — il détruit le pouvoir souverain dans son essence.

IX.

Gouverner comprend deux choses : faire les lois les faire exécuter.

Le premier attribut du souverain est le pouvoir législatif. A quoi servirait le pouvoir de faire exécuter des lois, s'il n'en existait point ou si elles étaient imparfaites.

X.

Tous ceux qui participent directement ou indirectement à l'exercice du pouvoir législatif, constituent le souverain.

Par exemple : dans une monarchie pure, le roi ; dans une monarchie constitutionnelle directement, le roi, la chambre des pairs et celle des députés, indirectement les électeurs ; dans une république aristocratique , le sénat et ceux qui le nomment ; dans une république démocratique, le corps législatif et les citoyens qui le nomment. LE PEUPLE EST SOUVERAIN QUAND IL NOMME SES LÉGISLATEURS , OU FAIT LUI-MÊME SES LOIS.

XI.

Lorsqu'il y a division, c'est-à-dire *distinction* des pouvoirs, le pouvoir exécutif se trouve *responsable* envers le pouvoir législatif. S'il en était autrement, il y aurait antagonisme, et le pouvoir exécutif pourrait anéantir l'autre, seulement par son *inertie*, en ne faisant pas exécuter la loi.

XII.

L'administration de la justice n'est qu'une dépendance du pouvoir exécutif, et doit avoir lieu sous sa responsabilité.

XIII.

Ces diverses règles s'appliquent à toutes les espèces de gouvernements , et chacun d'eux se dirige , d'ailleurs, d'après les principes qui dérivent de sa nature.

(Les chapitres suivants seront incessamment publiés).

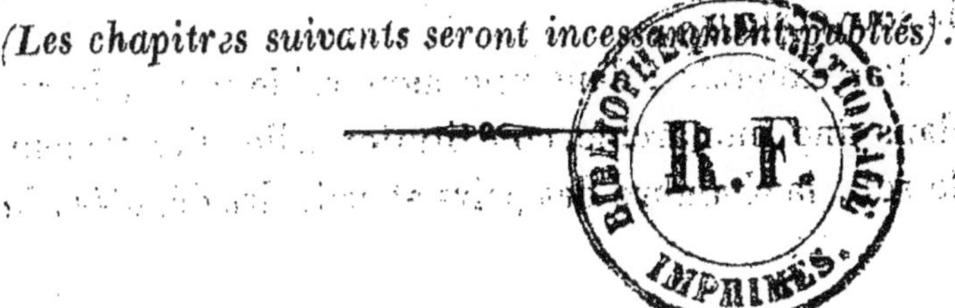